MIND-STRETCHING

Sudoku

141
PUZZLES

• PETER DE SCHEPPER & FRANK COUSSEMENT •

imagine!
Publishing

10 9 8 7 6 5 4 3 2

An Imagine Book
Published by Charlesbridge
85 Main Street
Watertown, MA 02472
617-926-0329
www.charlesbridge.com

Copyright © 2015 by Peter De Schepper & Frank Coussement
Interior and cover design by Melissa Gerber
Cover art © 192133841/HorenkO/Shutterstock.com

Printed in China, January 2016

ISBN: 978-1-62354-068-5

TABLE OF CONTENTS

INTRODUCTION

HOW DOES ONE PLAY SUDOKU?

Fill in the grid so that each row, each column and each 3 x 3 frame contains every number from 1 to 9.

HOW DOES ONE SOLVE A SUDOKU?

To solve a Sudoku you don't need any mathematical insight - logic is fine. There are four strategies that allow you to solve every Sudoku in this book - from beginner to expert.

1. EXCLUDING

Which number belongs in box A? We can exclude 1, 4 and 9 because they already appear in the frame that A is in. We can also exclude 7 and 8 because they appear in the row that A is in. And 3, 5 and 6 appear in the column that A is in. So box A can only contain the number 2. Following the same logic box B can only contain the number 5. Box C and D can contain a 4 or a 5. But because we just placed number 5 in box B, box C= 4 and D= 5.

	7	A	4				9	8
	3		9					5
			1					3
3	1		5			9		
			1					
	4	8	3	6	9	2	B	1
9	5	7	4	3	2	8	1	6
			9	5	1	3	7	2
1	2	3	6	8	7	D	C	9

2. SITUATING

'Excluding' involves finding a box where only one number is possible. We're looking for every number that can be used in a box (the candidates) and for a unique candidate in a row, column or frame. The first box, upper left corner, can only contain a 5 or a 6 because the other numbers already appear in the frame, row and column. We call 5 and 6 the candidates for this box. For the first row we've filled in all the candidates for every empty box. In box A we see that

56	7	156	2	4	356 A	16	9	8
	3			9				5
				1				3
3	1		5			9	68	47
			1			467	368 B	47
	4	8	3	6	9	2	5	1
9	5	7	4	3	2	8	1	6
			9	5	1	3	7	2
1	2	3	6	8	7	5	4	9

there is a unique candidate for this row. The number 3 doesn't appear among the other candidates. In other words, box A must contain the number 3. You can apply this strategy to all the other boxes. In this way we discover that box B must also contain a 3.

3. SECURING

This strategy looks at certain patterns in the candidates. Even if the same ones appear in different boxes, we can use that logic to secure another box. In this situation you can only solve box D using Situating. But you can't solve the upper right frame with Excluding or with Situating. We see that box B and C both have the same candidates (2 and 6). In other words if B is 6 then C is equal to 2 or the other way around. This means that the boxes that are in the extension of B and C (box D) or those that are in the frame of boxes B and C (A, E and F) can't contain a 2 or a 6. So box D becomes an 8 and box A becomes a 1.

	7		2	4	3	16 **A**	9	8
	3			9		1467 **E**	26 **B**	5
				1		467 **F**	26 **C**	3
3	1		5			9	68 **D**	
			1				3	
	4	8	3	6	9	2	5	1
9	5	7	4	3	2	8	1	6
			9	5	1	3	7	2
1	2	3	6	8	7	5	4	9

4. FRAME SECURING

You'll be able to solve most Sudokus with Excluding, Situating and Securing. But for the most difficult puzzles you need an extra strategy. At first glance, you seem completely stuck here. We've filled in all the candidates but with the three strategies above we cannot solve this puzzle. If we look at the third row we see that the numbers 12467 are still missing. We also see that in row three, candidate 4 only appears in the first frame (in box 3A and 3C). So we are certain that the 4 in the first frame must be in one of those

	A	B	C	D	E	F	G	H	I
1	3468	2367	49	29	3678	347	5	1	47
2	3458	357	1459	19	378	347	6	2	47
3	46	267	14	12	67	5	8	3	9
4	1	8	3	5	4	6	7	9	2
5	56	56	7	3	2	9	4	8	1
6	9	4	2	7	1	8	3	6	5
7	7	1	6	8	5	2	9	4	3
8	2	9	8	4	37	37	1	5	6
9	345	35	45	6	9	1	2	7	8

two boxes. This means that the other boxes that are in the first frame can't contain a 4, so box 1C= 9. This was the key to the solution for now 1D= 2, 3D= 1, 3C= 4, 3A= 6, 9C= 5, etc.

Good luck in your solving!

BRAIN WARM-UPS

4		3	7		2	8	9	1
1	7		8	3				2
8			6	9		7	3	4
5		4			7		8	
6	3							
		7	5					6
							4	
2								
				4		9	5	

	2	7	9	4		6	1	5
	3	6	1		8	4		
		9	5	7				
7		4	6	3		9	5	
		3			5	7		
		1					6	
			4			5		7
	4							
9								2

3				8				
	7	5		3				9
1	6	8	4	9				
	1		7	4		9		
8	5		1		9		7	6
			5	6	8	2		
	4	7				6		3
				1		5		
							9	

						4		
					2			5
6								9
	4		7				1	
				3	8	9		
3	9	5					7	
	1	4	3	2		6	5	
5	3		4	8		2		7
7		2	6				3	

				6				
5								
1	3	6			9			
4						6	1	
	7	1			8	4	5	
6			7		4	8		3
8				7	6			
		5	4				7	8
3		7		5	1			9

9				3			6	
	1				9		5	
7	9				1			
		2	9	4				
	3	1		5		8		4
		6		8		2	4	9
2	5		4			7	1	
3					7	6		5

BRAIN WARM-UPS

			8					
7							1	
2	8		6					
6			9				4	
	5		2		3			
4	3						9	2
	4		3	2	6		7	8
	2	7	8	1	4	6	5	
8						4		

	3							
								7
			8		1			
9			6		8	4		
	2		1	3	9			
7	8	1		4	5		9	3
3	9	8	7	6		1		
								6
5		6				3	7	2

4						5		6
	5	3	2		1			
							9	
7					3	8		
	8	2	1		7		5	4
		9	4	1	6	7		
				2	8	4	6	
8	4		7			1		2

					2	1		
4							6	9
						8		
	2		5		4			
	1				9			
		4			1		9	6
6				4	8	3	5	
5		8	9	3		6		1
1		7	6				4	8

	2	9			1	6		
		8	9		6	5	1	
1		6		3	8	7		9
6		4	1					
	1	3		7	4			
			5			8		
8				1			6	
					9		5	
4								

		8	9	4	2	6		
	7		3	8		1		5
4	3			7				2
		3						1
7	2		6	1	3	8		
	8			5				
8	1					2		
			4					
2								7

9	5	2		6	1			7
	8		3		2		9	
	6			7			5	2
					9	5	2	3
		6		1	3	4		
	4	3						
		5	7	3	4			
		7						
	2							

MIND-STRETCHERS

			1				8	2
4	2			7		9		
						6		
	8	6		4			5	1
3					6		4	7
6	9	2		1	8	4	7	5
		5			7	1	2	
7		1						

7	4	5	2	3	8			9
		1	5	9		8		7
	6		4				2	5
4				5		1	9	
	8		3				7	4
				1				
	1	9						6
	5				3			

6				5	2	8	1	3
7	1	3		8	6	5		4
		8	4	1			7	
		2				9		
1		6			8			
4	3		6					
	7			3				5
2				9				

			9	6	1	4	3	2
2	3	4		8	7	6		
		1	2				8	5
8	7	6	3					9
1		2			4			
				1				6
		7				5		
	5							
								8

					5		6	1
5	8	1					7	
7				2		3		8
4	1				7	8		3
6				9	1			
		5		4		2	1	6
	4			8		6	3	
				1				
			6					

4			8	5	1	6		9
	1	5		6			2	
9	8			3	4		7	5
						8		
			1		7			3
7	9		5					6
8	4		9			5		
	6							
		7						

					2	9		
6	9		5		7		2	4
3	2						6	
5	3		1		8	4		9
9					5	2	8	1
	8						3	
		3					1	6
	1			2				8

		7			6		3	
3		4			1			6
5	9		8	3	2		1	7
			4					
	6	3			9	5	8	
		1		6				
8		9			5	1		
1	4						7	
								9

8	3	4		2		7		1
	6	7	4		1		8	9
5	1		7				4	
			2	8	5	6		
	2			4	7			
		3						
4						3		
				7			9	
				9				2

9	7			4	8	1	5	
5				9		6	8	4
	4	6		2		9		3
1		7		6				
	9							
			4		2	8		
						5	6	1
	6		1	3			4	

					1	8	3	9
2	9	8	5			7	6	
	3	1				5		4
5	7	2		3		4		
			4			2		7
	1			9				5
3	5			8			4	
			6					

8	4	9	1	2			6	7
		7	5		9	8	2	3
2					7	1		
	8			5	4	3		
9							5	6
		3						
3		1	7		5			
	6						8	

							5	2
			3			1	8	6
1				6				
			8		1		4	
		7	9		2	5		3
7	2		4		8	3		1
	3	6	1		5			
8			2	3				

								6
				8		7		
		7					1	
				7		1	3	
	5	2	8					
	8			3		5		4
6		9	7		8			1
	1		5	9			7	3
5	7			4	3			

				5				
9				5				
						1	4	3
	7		8				1	
	5		2	1	3			
	6							
1	8	4		9	7	5		
2	9			3		4	6	
	3	5	1			9	8	

MIND-STRETCHERS

		4			9	5		1
5		1	2	3		7	9	4
3		9						
2			4	9		1		
				8		6	4	
		5				3		8
4				2	7			
			6	4				7

		8	3		2	1	7	4
			6		7	3		2
7						8	6	5
6						2		
	4		8	7				6
							3	
2	1		5	6		7		
				4			5	
								8

3		2		5	1	8		
1	7	4	8	9		6	5	3
6					3		2	
4	6							2
5			1					4
		9						
	3	7					8	6
				1				
				7				

			1					
				6				
5	1				8			
6					7	2		
				3		4		8
7	8			5	2	3	6	
3	7	4	5		6	9	2	
8			7					
	5		2					3

						2		
		4			5			
3		1						
								7
		7	9			4		8
	4	6			1			9
		3		2			7	1
		5	4	8		9	6	3
	9		1		3	5		

	3		1	5			9	
4						5		3
		3				4		
				7	6			
1	5				9	3	7	
	1	2		8				
6				3		7	4	5
		4		6			1	2

	3		2	6				
		7	3					6
						8		
		6						
				8		7		
		3		2		5	8	4
	7					9	4	
9	2	5		7	3	6		8
8		4		9				

								8
3						5		
							7	
9		2			8			
8	7		4					
	5	4	7	3		8		1
5				1	9	3		
1				7	6		5	4
	6			4			1	

		6						
	9					2		
1	7		9					
		9			6		3	
						1	7	6
	1		5		2			
	3		7			8	6	1
		1	8	2			4	3
			6	3	1			

			3			8		
		9						2
4	1							6
			1		5	6	8	
7		5						
				4			7	
	9	3	7	5			4	
8	5	1						7
2					1	5		3

2						6		
	3		4		7			
					1		5	
5	1		9	8				
	7	4		2		3	9	1
		7	1				3	
						4	2	6
		5	3		6	7		8

9				6				1
	7	2		1				
					6	3		
		4	2		7		8	5
	6	3		8		2	4	
6			4					
4	5	1	7				3	
2				5				

9		6						
	7					2		
						3		
		7	9					8
6					7	5		
1	4		5					7
	2		6	9			3	
3		8			1		4	
				4	2		9	1

			1	4			3	9
	3	1	9				7	
7		9					5	
		6			8	2		1
	1		5	6				3
						4		
		3	8	1	9			4
					3			
				5				

5							3	9
		9		5	1			4
	4	8	9	6		2	5	1
	3			4				6
	7	5						
				8				5
9			5					
					3	6		
	1		4					

		1						
	5					3		
6			9	3				4
	6	3	2					
2				5	4	1		
	9			7				
		4	5		8			
	3	2			9	5	4	
	1	6					9	

		8	7				4	
6		4			1			8
			4		8	2	5	
	3	2		6		5		4
		7	8					9
							2	
		6	2	8			3	
1							8	
9								

		1						
2								
	4							7
								9
8	1		7					5
5		2	1	4	3	8		6
	6				9		2	
	2		8		5		3	
			3	1	2		9	

		8	6	4	7			5
				8	3	6		
7		4		9	2			
3		2						4
	9					8	7	
				6	8			3
2	7				4			9
		1		7				

8		6			1			
	9		6	5				8
		4	3	9				
3		8	9	1			4	5
					7	3	9	
			4					
7	8						3	
6			8					
		5						

5	8	3				6		4
7					5			
	2	4				1	7	
1								2
	3	8		4			6	
			8	9				
	5		1					3
				7				8
		1			4			

8		6	2	9	7			
5	1	7				9	2	
		9	8				4	
2			9	5		3		
	7				3			
	8					6		
1				4				
				3		1		
	9							

							2	
	7		3		1	6	5	
1	6	4				8	9	
4	5	1	6					
		3	4			9		
7						2		
3				5			8	
	1			6				
	2							

	6		9		1		4	
2				4		1		
		5	8		3		6	
8	2			9			3	
	4						9	
5			1	7	8	4		
		8			6			
6								
				1				

5		1			3		
4	3	8		5	6	9		
9				8			5	
6		5						4
						1	9	
	4		2		3		7	
					9	4		
		3						
			8					2

		1			5			
	3							
					3	6	1	4
	5						2	6
7	2	8		1	9			
3								2
			5	4		3		9
	9	2		3	1	8		

7			5		6		
1		3	8			4	2
	9	8	4		3		
8			7		2		3	
2							
		5		1			9
			8		4		2
9						5	
		1					

		1						2
2		9		5	8			
		6	4	7		5	9	
		7			6	3		
	4			9	5		6	
							7	1
			1	3				
			7		4	9		6

3	7		5		4	2		
2	9				3			6
							4	8
9	2	7		5			1	
		6		2		9		
				1				
7	4	1	9					
6						8		

	5	2			6		3	8
	3	8		5		7		
			8				1	
	1		3					2
9		5		8				
				9				6
		3	9	7			5	
5			1	4				

8	4		6			2		7
		1		8		9		6
	5		4					
2			1	6				
				7	4		1	
6					9	8		
1	6						7	
			3				2	
						3		

6	9				3	4		2
	1	5	6		4		7	9
				2			5	
5	3			1			8	4
			2			6		
				7			9	
4		6						
9								
	7							

	9					1		
			6		8	2		
								7
	4	3				9		
				2	1	8		3
	7	4	2				5	
		5			3			4
	6			4	5		8	1

SERIOUS MIND-STRETCHERS

	2							
	7					5		3
		1				9	7	
							8	
8			7		4			6
	6	9		5				2
	4	3			2		5	
			4		1			7
		6		8				4

6		3			7		2	
2				5	8	1		
					2	5	6	
	3						5	1
	9	2		3		8		
				1				
	7	6	5					
9		5						
	1			2				

								8
		6						
1					9		3	
	3							5
		8					7	6
	7	1	8		6	9		
		7		4	5		6	
4		2			1			7
	5		2					9

SERIOUS MIND-STRETCHERS

		1	5	9		3		8
		3	1		4			
6	2		3					
7	6			2		9		
	3		4				2	
						1	4	
	4	6			5		7	
		7	6					

5		4		1			9	2
	7				8		6	
1		8		2				3
		5				7	4	9
	4	7					3	
			9				8	
			6	7	2			
				5				
			3					

7	9							5
1					7		6	
9	4			3		8		
				2				
3	2		4					9
8	7		3		9	6	2	
					8	5	3	7
			1					

	7		6		9		1	3
	3						9	
8		9		1				
		1	9				8	
						3	2	9
			3					7
		4	1	6		8		
7			5					
							4	

	1							8
8						2	9	
	2				5	7		
				6				
			3					4
		9	1				3	
					2		6	9
		8				4		7
		1		7	8	3	2	

				5				
	7		2					
			1		6	7		
5								4
				1		5		3
6	1	3						2
1				4	3			
	9	7						
3	4			6	8			1

6		9				5		1
4					1	7		
			6	5		9		2
9		7	5		2		3	
	6			9		2	7	
					3			
		3					2	8
			7					

		7		1			2	
		4		3		5	7	
5			9	7				
	7						6	
				5		8	9	
				2	3			
	2	8				3		
			5	9				2
	4					7		

					3	6		
		1					3	
	8		9				5	
			7			3	8	
		2						
9		8		5		7		
				4		5	1	
	9			2	5		4	
5		6		8				

SERIOUS MIND-STRETCHERS

6			1	5				
	1		4	6			9	
3	5		8					
		6		4	1			
	3		9			6	1	
2					5	9	8	
7		1	2					4

SERIOUS MIND-STRETCHERS

6			2					
		8	5					7
			8					
					3		9	4
3		4					6	
		5		2				
9	8						5	
	2	6		9	1	8		
	4			7		9		

	6		9					7
	3	2				6		1
		3					5	
			6		8			
			4	9		1		
				7		5	2	
9	1				2			
		4	5		3			9

					5			
8					9			5
4			8			3	6	
				9			4	
					2			9
1		3				6		7
	6							1
		2	9			7		
					6	8	5	

						1	5	8
7								
2						8		
	7				6			2
		3	1		4			9
					3			6
	1	6	4		7		3	
	5			9		7	4	

							3	
						1	2	9
	8	1	5					
				2		5		
		8		4				
	7			8				6
	6	4						7
			7				6	1
2	1		3			4		

			6		7		5	2
				5	4			7
8						7		
			2	6			1	
5		4						
				7				9
2		1						
	6	3		9	2	4		5

2	5	7					6	
8			6			3		
	9						1	5
			7				8	
			9	1				7
		4		8		5		
								6
			2		6			
9						4	7	

SERIOUS MIND-STRETCHERS

		3			1			
5	9		4					1
	2	6	5				7	
	6		9				3	
	3	2					9	
		7			6	5		
						3		
						7		8
				9			1	

6				4	1	5	9	
			8				4	
					5	6		
		6			7	8		4
9				1		7		3
1			3					
		7						
3	5		7					
								2

						1		
		1					4	5
4	5			3				
					8		1	
6								
			9		6	5	3	
	8			7		2		
2				4	1		8	6
	4				2			

SERIOUS MIND-STRETCHERS

					6	3		
8		3	1				9	
		6	2			5		
9				8			7	
		1	6		4			
				9		2	1	
	4							
3			5	1		8		4

3	4				7	8		
							2	6
	6	7	5	1	2	3		
				5	3		9	
		1				4		3
		6	9					
					6		8	
	9			4				

								3
			2					7
	7				8	2		
3	8				5			
		1		9				
					2			4
1					6		3	
6			1		3	4	7	
	9				7		8	

		8				6		
	9				7	1		
9			5					
	1	5				8		7
3				7				6
	5		2	6				8
	7	1	9				3	4
				3				

SERIOUS MIND-STRETCHERS

2	8	4	9				1	
						6		
	5			2			4	
		7			6			
6				4	1			2
4	9	5				7		
8			4					
		2			8			
							9	

SERIOUS MIND-STRETCHERS

				6	4	8		
			7				1	4
	6					5		
4		1	9					
8					1	7	6	
	8			2		9		
	9		1					3
2				5				8

		1		8	3			4
5							1	2
		8			9		3	
8							6	
					6	9	8	
4			3					
	3	2					7	1
		5		3				
			1					

			8			9		
		9			7	8	3	
		6		2	4		9	
	3			1			4	
	8					1	2	
	7		9	4			5	
					2			
5	4			7				

	4				9			
		1		6		2	3	
	2		1			7		8
4				9			7	
					3		2	
		5		4		6		
				3			4	
2	9							6
					7			

	5	1					2	
2		8			1			
7			4					1
4	2		6				9	
	6				7			8
					5		8	9
	3				6			
				2		4	1	

SERIOUS MIND-STRETCHERS

	2			7	5	6		4
			1			3		
		5				9		
					8	1	7	
	9	4		3				
5					6			
	7	6						2
		1		5				9
			4					

		2		4	6		8	
9				3			2	
	4	6			8			3
			3		7	9		2
				8		1		
					4			
	2		7					9
	8	7		5				

						5	8	4
8	4	7			2			
		3	1			2		
		5	3					
			9			3	5	1
				4				6
				1		4		2
	6							
					7		6	

1								
5	7	6		2				
						8		
	3		9					
8		5		1				
			5					4
6	2			7	1		3	
4			2				8	1
	5							6

5			9			1		
1	8		7	3				
	9			6		4	3	
						9		
	5		3	2			4	
3				7			1	
9								
7			1					8
						2		

				3			6	5
	7		1	5		3	4	
		4	8					
	5						2	1
	1	2	5			7		
9								
1	9	7						
				4	6		7	

								4
		5				2		
		1	7	3				
					2	8		7
	5	8			1		3	
				7		6		
2	9			1				3
4				2			6	
				3				8

					7			4
		3					9	
	1			2				
							8	
				7	5	1		
			3	4	9	6		
		8						2
	6	9		1	2			
1	3					7		9

2	3		4					9
		5			9		8	
	9						1	
	1	4						
		6					2	3
			5	1				
			9	7	4		5	2
				8	2			7

								8
					8	9		
6		5						
					7	2		
		1			9	8		4
7					6			
5	3		6					
			9	1			4	7
	4			8	3		2	

SERIOUS MIND-STRETCHERS

		4	9		3		5	
	1		4	8		6		9
					1			2
			6	9		4		
7				3			6	
		9						8
	9	7	1					
						7		
	6							

					4			3
6	1			2				
							8	
	8	5				9		
3		4		7			5	
2				6				4
	5		8				6	
1			7			5	9	

	9			7	3		2	
	8			6				
5	4			9			6	
		1	4					5
						3		4
					6			
			8	3	7			
6				1		5	8	

7				4				
		3	7					8
							2	1
	1							6
	8						5	
				5	6		7	
		4	2					
8		5				6	9	
			3				8	5

			6					
		4				1		
		3		2				
2			4			3		
1				8			6	
		5			9		2	
3						2		5
6			9					4
			8	1		7		

8		7	4			5	2	
			6		2			
4								
	9					4	8	
		3			8			
		5		7		2		
	5		9	6			1	
	7							
				5			3	

				4	3			7
			1					4
7		8		2				6
4			5		2		8	
8								
			6					1
2	9			7			4	
	5					2	9	

	2						8	
	3				7			4
				8				
		3		9				6
6	1					2		5
			6					
2	5	6	9			4		
				7	3		2	1

6	8	1						
						7		2
	5			7			9	
1		8	6					
					1			
		7		2			3	
			3	5		4	6	
9		6	7	1				

	6		1		5			
	2			8		1		
		9				2		3
				4			1	
5				6	9			
								1
2	4		3					
	1		7		6	5		8

SERIOUS MIND-STRETCHERS

	8			5			3	4
	9				3			1
		7			9		6	
1		4				6		
					8			
7			1					
2	6		5	8		3		
							7	
				6				

3								
	7			6				5
				8				7
	5			4				
			2					
	2		7		5	4		
1					3	7		
		8			2	3		
		3	6				1	9

				5			9	
						3		
	4				7			
		7	1					5
						6		
9			8					4
		3		4		1		
	9	1					6	
	8	5	2			9		7

		5						
6					8			
						1		6
		8	2					
			1	3			6	
	1			9		7		
7		9	6	4				8
								5
5		2				9		7

		1	2					
9								1
		2						
	3			5				
						9		2
	2				4		6	7
			9				3	4
5	8		3			7		
			8		1			5

SUPER WORKOUT MIND-STRETCHERS

		8			3		7	2
7			2		6		8	
3		2		8		9		4
		5	8	3	9			6
	6			1				
4			7					
		6	9				2	5
						1	9	

		1	8				4	
	3					8		
	8	7	9	4		5		
		9	3				7	5
	4		5				8	
				2	7		9	
2	9	6		8				
	1	4				6		

				8		7		3
	4					6		
		4		3				
	6		1	5				
3	9				7	8		
	1	9		7			3	
6		5		1		9		7
		2	3	6		1		

9		6		2				
7				6	5		8	
5		8	3	1				
6		9	5		4			
		1				5		
	3			7			6	9
		4			6	8		
								3
						2		

	2					6		
9	8							
7								9
		2		4				
					8	9		
	9	7			1	8	5	
	5	9	4	7			6	
3			8				1	
	7			6		5		

	3			6		4		7
5				2			3	
1			7		9	2	5	
3								
				4	8	7		
			1	9				
9		1			7		4	
	8					6		
		4						

SUPER WORKOUT
MIND-STRETCHERS

	7		3		8	9		6
				7	9			
			5			2		3
3	5	6			2			
			4	5			1	
			8					
6						7		9
					6			
	9	7						4

	6		3		2	1		
	8			4	9		6	
	2			8			7	4
		7			5		9	1
		5	7	3				
						8	1	6
				2				
1								3

9	5		7	8	3	4		
6					5			9
3								
2	7		6	5				
		8						
	3	1	4			7	9	
					6			
8							4	
						5		7

SUPER WORKOUT MIND-STRETCHERS

	8		7					
						3		
		1					5	4
		9			5	6		
1				7		9	3	
	3			9				7
	5		3				6	
					4	2		
		2	6	1		4		

			9			7	3	
	7		4	2	5			8
		5	7	1		4		
		4				8		
			2	7		9		
6							4	
3								
	4		6	5				
	5		1					

	5	6	7			8		2
2		7	8				3	1
1						9		
			4			2	9	
7					5			8
			2					3
		8						7
				1		3		
					4			

SUPER WORKOUT
MIND-STRETCHERS

							9	
	2		6					
	5	9				7		6
			7				5	
	6				2			
				6	3		7	1
9			2	4				
5		8				1		9
		1	8					4

				7	1		6	
							3	9
7	5	2	9	6			8	1
6	8	1	4					
			1					5
		4						
							9	
1	9			2	5			
	7							

	1	3		6			8	5
		8			4			7
7		2	5		8			
8					1	6		
	7							1
3								
					5	2	1	
6			2					
			6				4	

SUPER WORKOUT
MIND-STRETCHERS

					5			
	6		2			8		
		8	1	7				2
		2				9		6
6	8	9	5					
				1				5
	3	7			1	4		
	5		8		3	1		

				1				9
8			5	9		3		
							3	
2	3	7						
		9	7			8		4
3					4		8	
6	5						2	
		4	8		6	5		

						9	6	
			5	7		4		
		7			3	6		
5							3	
		8	4		9		7	
9		5			6			
	4					7		
	3		9		2		4	1

	5	4	1					
			4	6	9		7	
		3	2					9
	7			1		5		
			8				1	2
	8		3			7		
2		5		4				
			9			8		

			9					
		5			3	2		
7		1						9
			2			5		3
								4
8	5					6		1
				7	1			
	6	9	4					
4	7			6		8		

2	5						4	
		9		8	2		6	
1				4		8		
				7		4		5
			9		6			
				1				
	1	3		6	7			
							7	
							2	1

		5						
3				1				
		8				5		
								6
	4		6				3	
5		9					2	
		2		8			6	
				7	5	4	9	
		4			9		1	2

		9	1		3	6		
		2		4	8			5
3								8
		3	7			1		
	6							2
								4
2	8		4		5			
				9	2			
		1						

BRAIN WARM-UPS

PAGE 7

4	6	3	7	5	2	8	9	1
1	7	9	8	3	4	5	6	2
8	5	2	6	9	1	7	3	4
5	2	4	1	6	7	3	8	9
6	3	8	4	2	9	1	7	5
9	1	7	5	8	3	4	2	6
7	9	6	3	1	5	2	4	8
2	4	5	9	7	8	6	1	3
3	8	1	2	4	6	9	5	7

PAGE 8

8	2	7	9	4	3	6	1	5
5	3	6	1	2	8	4	7	9
4	1	9	5	7	6	2	8	3
7	8	4	6	3	2	9	5	1
6	9	3	8	1	5	7	2	4
2	5	1	7	9	4	3	6	8
1	6	2	4	8	9	5	3	7
3	4	8	2	5	7	1	9	6
9	7	5	3	6	1	8	4	2

PAGE 9

3	9	2	6	8	7	1	5	4
4	7	5	2	3	1	8	6	9
1	6	8	4	9	5	7	3	2
2	1	6	7	4	3	9	8	5
8	5	4	1	2	9	3	7	6
7	3	9	5	6	8	2	4	1
9	4	7	8	5	2	6	1	3
6	8	3	9	1	4	5	2	7
5	2	1	3	7	6	4	9	8

PAGE 10

8	2	3	9	7	5	4	6	1
4	7	9	1	6	2	3	8	5
6	5	1	8	4	3	7	2	9
2	4	8	7	9	6	5	1	3
1	6	7	5	3	8	9	4	2
3	9	5	2	1	4	8	7	6
9	1	4	3	2	7	6	5	8
5	3	6	4	8	1	2	9	7
7	8	2	6	5	9	1	3	4

PAGE 11

7	9	4	3	6	2	5	8	1
5	2	8	1	4	7	9	3	6
1	3	6	5	8	9	7	2	4
4	8	3	9	2	5	6	1	7
9	7	1	6	3	8	4	5	2
6	5	2	7	1	4	8	9	3
8	1	9	2	7	6	3	4	5
2	6	5	4	9	3	1	7	8
3	4	7	8	5	1	2	6	9

PAGE 12

8	6	3	5	7	4	9	2	1
9	2	5	1	3	8	4	6	7
4	1	7	6	2	9	3	5	8
7	9	4	8	6	1	5	3	2
5	8	2	9	4	3	1	7	6
6	3	1	7	5	2	8	9	4
1	7	6	3	8	5	2	4	9
2	5	8	4	9	6	7	1	3
3	4	9	2	1	7	6	8	5

BRAIN WARM-UPS

PAGE 13

5	1	3	4	8	9	2	6	7
7	9	6	5	3	2	8	1	4
2	8	4	6	7	1	9	3	5
6	7	2	9	5	8	3	4	1
1	5	9	2	4	3	7	8	6
4	3	8	1	6	7	5	9	2
9	4	5	3	2	6	1	7	8
3	2	7	8	1	4	6	5	9
8	6	1	7	9	5	4	2	3

PAGE 14

1	3	5	4	2	7	8	6	9
8	4	9	3	5	6	2	1	7
2	6	7	8	9	1	5	3	4
9	5	3	6	7	8	4	2	1
6	2	4	1	3	9	7	5	8
7	8	1	2	4	5	6	9	3
3	9	8	7	6	2	1	4	5
4	7	2	5	1	3	9	8	6
5	1	6	9	8	4	3	7	2

PAGE 15

1	9	8	6	5	4	2	7	3
4	2	7	8	3	9	5	1	6
6	5	3	2	7	1	9	4	8
3	1	4	5	8	2	6	9	7
7	6	5	9	4	3	8	2	1
9	8	2	1	6	7	3	5	4
2	3	9	4	1	6	7	8	5
5	7	1	3	2	8	4	6	9
8	4	6	7	9	5	1	3	2

PAGE 16

8	6	3	4	9	2	1	7	5
4	7	1	8	5	3	2	6	9
2	5	9	7	1	6	8	3	4
9	2	6	5	8	4	7	1	3
7	1	5	3	6	9	4	8	2
3	8	4	2	7	1	5	9	6
6	9	2	1	4	8	3	5	7
5	4	8	9	3	7	6	2	1
1	3	7	6	2	5	9	4	8

PAGE 17

3	2	9	7	5	1	6	8	4
7	4	8	9	2	6	5	1	3
1	5	6	4	3	8	7	2	9
6	8	4	1	9	2	3	7	5
5	1	3	8	7	4	2	9	6
9	7	2	5	6	3	8	4	1
8	9	5	3	1	7	4	6	2
2	3	7	6	4	9	1	5	8
4	6	1	2	8	5	9	3	7

PAGE 18

1	5	8	9	4	2	6	7	3
9	7	2	3	8	6	1	4	5
4	3	6	1	7	5	9	8	2
5	4	3	2	9	8	7	6	1
7	2	9	6	1	3	8	5	4
6	8	1	7	5	4	3	2	9
8	1	4	5	3	7	2	9	6
3	6	7	4	2	9	5	1	8
2	9	5	8	6	1	4	3	7

BRAIN WARM-UPS

9	5	2	4	6	1	3	8	7
7	8	1	3	5	2	6	9	4
3	6	4	9	7	8	1	5	2
1	7	8	6	4	9	5	2	3
2	9	6	5	1	3	4	7	8
5	4	3	8	2	7	9	1	6
8	1	5	7	3	4	2	6	9
6	3	7	2	9	5	8	4	1
4	2	9	1	8	6	7	3	5

MIND-STRETCHERS

PAGE 21

1	6	7	9	8	2	5	3	4
9	5	3	1	6	4	7	8	2
4	2	8	5	7	3	9	1	6
5	7	4	2	3	1	6	9	8
2	8	6	7	4	9	3	5	1
3	1	9	8	5	6	2	4	7
6	9	2	3	1	8	4	7	5
8	4	5	6	9	7	1	2	3
7	3	1	4	2	5	8	6	9

PAGE 22

7	4	5	2	3	8	6	1	9
2	3	1	5	9	6	8	4	7
9	6	8	4	7	1	3	2	5
4	2	3	6	5	7	1	9	8
1	8	6	3	2	9	5	7	4
5	9	7	8	1	4	2	6	3
3	1	9	7	8	2	4	5	6
6	5	2	9	4	3	7	8	1
8	7	4	1	6	5	9	3	2

PAGE 23

6	4	9	7	5	2	8	1	3
7	1	3	9	8	6	5	2	4
5	2	8	4	1	3	6	7	9
8	5	2	3	7	1	9	4	6
1	9	6	5	4	8	7	3	2
4	3	7	6	2	9	1	5	8
9	7	1	8	3	4	2	6	5
2	6	4	1	9	5	3	8	7
3	8	5	2	6	7	4	9	1

PAGE 24

7	8	5	9	6	1	4	3	2
2	3	4	5	8	7	6	9	1
9	6	1	2	4	3	7	8	5
8	7	6	3	2	5	1	4	9
1	9	2	6	7	4	8	5	3
5	4	3	8	1	9	2	7	6
3	2	7	1	9	8	5	6	4
6	5	8	4	3	2	9	1	7
4	1	9	7	5	6	3	2	8

PAGE 25

2	9	3	8	7	5	4	6	1
5	8	1	4	3	6	9	7	2
7	6	4	1	2	9	3	5	8
4	1	2	5	6	7	8	9	3
6	3	8	2	9	1	5	4	7
9	7	5	3	4	8	2	1	6
1	4	9	7	8	2	6	3	5
8	5	6	9	1	3	7	2	4
3	2	7	6	5	4	1	8	9

PAGE 26

4	7	2	8	5	1	6	3	9
3	1	5	7	6	9	4	2	8
9	8	6	2	3	4	1	7	5
2	3	1	4	9	6	8	5	7
6	5	8	1	2	7	9	4	3
7	9	4	5	8	3	2	1	6
8	4	3	9	7	2	5	6	1
1	6	9	3	4	5	7	8	2
5	2	7	6	1	8	3	9	4

MIND-STRETCHERS

PAGE 27

4	7	1	6	8	2	9	5	3
6	9	8	5	3	7	1	2	4
3	2	5	9	4	1	8	6	7
5	3	2	1	6	8	4	7	9
9	6	4	3	7	5	2	8	1
1	8	7	2	9	4	6	3	5
2	4	3	8	5	9	7	1	6
7	1	6	4	2	3	5	9	8
8	5	9	7	1	6	3	4	2

PAGE 28

2	1	7	5	4	6	9	3	8
3	8	4	7	9	1	2	5	6
5	9	6	8	3	2	4	1	7
9	2	8	4	5	7	3	6	1
7	6	3	2	1	9	5	8	4
4	5	1	3	6	8	7	9	2
8	7	9	6	2	5	1	4	3
1	4	2	9	8	3	6	7	5
6	3	5	1	7	4	8	2	9

PAGE 29

8	3	4	5	2	9	7	6	1
2	6	7	4	3	1	5	8	9
5	1	9	7	6	8	2	4	3
9	4	1	2	8	5	6	3	7
6	2	5	3	4	7	9	1	8
7	8	3	9	1	6	4	2	5
4	9	8	1	5	2	3	7	6
1	5	2	6	7	3	8	9	4
3	7	6	8	9	4	1	5	2

PAGE 30

9	7	3	6	4	8	1	5	2
5	1	2	7	9	3	6	8	4
8	4	6	5	2	1	9	7	3
1	8	7	3	6	9	4	2	5
2	9	4	8	5	7	3	1	6
6	3	5	4	1	2	8	9	7
3	2	8	9	7	4	5	6	1
4	5	1	2	8	6	7	3	9
7	6	9	1	3	5	2	4	8

PAGE 31

4	6	5	2	7	1	8	3	9
2	9	8	5	4	3	7	6	1
7	3	1	8	6	9	5	2	4
5	7	2	1	3	8	4	9	6
9	8	3	4	5	6	2	1	7
6	1	4	7	9	2	3	8	5
3	5	6	9	8	7	1	4	2
8	2	7	6	1	4	9	5	3
1	4	9	3	2	5	6	7	8

PAGE 32

8	4	9	1	2	3	5	6	7
6	1	7	5	4	9	8	2	3
2	3	5	8	6	7	1	9	4
1	8	6	2	5	4	3	7	9
9	7	4	3	1	8	2	5	6
5	2	3	9	7	6	4	1	8
3	9	1	7	8	5	6	4	2
7	6	2	4	3	1	9	8	5
4	5	8	6	9	2	7	3	1

MIND-STRETCHERS

PAGE 33

2	6	8	5	1	7	4	3	9
4	1	3	6	8	9	7	5	2
5	7	9	3	2	4	1	8	6
1	5	4	7	6	3	2	9	8
3	9	2	8	5	1	6	4	7
6	8	7	9	4	2	5	1	3
7	2	5	4	9	8	3	6	1
9	3	6	1	7	5	8	2	4
8	4	1	2	3	6	9	7	5

PAGE 34

1	2	3	4	5	7	9	8	6
9	6	5	3	8	1	7	4	2
8	4	7	9	6	2	3	1	5
4	9	6	2	7	5	1	3	8
3	5	2	8	1	4	6	9	7
7	8	1	6	3	9	5	2	4
6	3	9	7	2	8	4	5	1
2	1	4	5	9	6	8	7	3
5	7	8	1	4	3	2	6	9

PAGE 35

7	1	3	4	2	6	8	9	5
9	4	8	3	5	1	7	2	6
5	2	6	7	8	9	1	4	3
4	7	2	8	6	5	3	1	9
8	5	9	2	1	3	6	7	4
3	6	1	9	7	4	2	5	8
1	8	4	6	9	7	5	3	2
2	9	7	5	3	8	4	6	1
6	3	5	1	4	2	9	8	7

PAGE 36

6	2	4	8	7	9	5	3	1
5	8	1	2	3	6	7	9	4
3	7	9	1	5	4	2	8	6
2	6	8	4	9	3	1	7	5
7	1	3	5	8	2	6	4	9
9	4	5	7	6	1	3	2	8
4	5	6	9	2	7	8	1	3
1	3	2	6	4	8	9	5	7
8	9	7	3	1	5	4	6	2

PAGE 37

9	6	8	3	5	2	1	7	4
1	5	4	6	8	7	3	9	2
7	2	3	9	1	4	8	6	5
6	9	1	4	3	5	2	8	7
3	4	2	8	7	9	5	1	6
5	8	7	1	2	6	4	3	9
2	1	9	5	6	8	7	4	3
8	7	6	2	4	3	9	5	1
4	3	5	7	9	1	6	2	8

PAGE 38

3	9	2	6	5	1	8	4	7
1	7	4	8	9	2	6	5	3
6	8	5	7	4	3	9	2	1
4	6	3	5	8	9	7	1	2
5	2	8	1	6	7	3	9	4
7	1	9	2	3	4	5	6	8
9	3	7	4	2	5	1	8	6
2	5	6	3	1	8	4	7	9
8	4	1	9	7	6	2	3	5

MIND-STRETCHERS

PAGE 39

4	6	9	1	7	5	8	3	2
2	3	8	9	6	4	1	5	7
5	1	7	3	2	8	6	9	4
6	4	3	8	9	7	2	1	5
9	2	5	6	3	1	4	7	8
7	8	1	4	5	2	3	6	9
3	7	4	5	8	6	9	2	1
8	9	2	7	1	3	5	4	6
1	5	6	2	4	9	7	8	3

PAGE 40

6	5	9	7	1	8	2	3	4
2	7	4	3	9	5	1	8	6
3	8	1	6	4	2	7	9	5
9	3	2	8	5	4	6	1	7
5	1	7	9	3	6	4	2	8
8	4	6	2	7	1	3	5	9
4	6	3	5	2	9	8	7	1
1	2	5	4	8	7	9	6	3
7	9	8	1	6	3	5	4	2

PAGE 41

2	9	5	6	4	3	1	8	7
8	3	7	1	5	2	6	9	4
4	6	1	8	9	7	5	2	3
7	2	3	5	1	8	4	6	9
9	4	8	3	7	6	2	5	1
1	5	6	4	2	9	3	7	8
5	1	2	7	8	4	9	3	6
6	8	9	2	3	1	7	4	5
3	7	4	9	6	5	8	1	2

PAGE 42

1	3	8	2	6	5	4	9	7
4	9	7	3	1	8	2	5	6
6	5	2	9	4	7	8	3	1
5	8	6	7	3	4	1	2	9
2	4	9	5	8	1	7	6	3
7	1	3	6	2	9	5	8	4
3	7	1	8	5	6	9	4	2
9	2	5	4	7	3	6	1	8
8	6	4	1	9	2	3	7	5

PAGE 43

7	9	5	3	2	4	1	6	8
3	8	1	9	6	7	5	4	2
4	2	6	1	8	5	9	7	3
9	1	2	6	5	8	4	3	7
8	7	3	4	9	1	6	2	5
6	5	4	7	3	2	8	9	1
5	4	7	2	1	9	3	8	6
1	3	9	8	7	6	2	5	4
2	6	8	5	4	3	7	1	9

PAGE 44

4	5	6	2	8	7	3	1	9
3	9	8	1	6	4	2	5	7
1	7	2	9	5	3	6	8	4
7	8	9	4	1	6	5	3	2
5	2	4	3	9	8	1	7	6
6	1	3	5	7	2	4	9	8
2	3	5	7	4	9	8	6	1
9	6	1	8	2	5	7	4	3
8	4	7	6	3	1	9	2	5

MIND-STRETCHERS

PAGE 45

5	2	7	3	6	4	8	1	9
3	6	9	8	1	7	4	5	2
4	1	8	5	2	9	7	3	6
9	3	2	1	7	5	6	8	4
7	4	5	6	9	8	3	2	1
1	8	6	2	4	3	9	7	5
6	9	3	7	5	2	1	4	8
8	5	1	4	3	6	2	9	7
2	7	4	9	8	1	5	6	3

PAGE 46

2	4	9	8	1	3	6	7	5
7	5	8	2	6	9	1	4	3
1	3	6	4	5	7	9	8	2
9	6	2	7	3	1	8	5	4
5	1	3	9	8	4	2	6	7
8	7	4	6	2	5	3	9	1
6	8	7	1	4	2	5	3	9
3	9	1	5	7	8	4	2	6
4	2	5	3	9	6	7	1	8

PAGE 47

3	1	6	5	7	4	8	9	2
9	4	8	3	6	2	7	5	1
5	7	2	8	1	9	4	6	3
8	2	5	9	4	6	3	1	7
1	9	4	2	3	7	6	8	5
7	6	3	1	8	5	2	4	9
6	3	7	4	9	1	5	2	8
4	5	1	7	2	8	9	3	6
2	8	9	6	5	3	1	7	4

PAGE 48

9	3	6	2	7	5	1	8	4
8	7	4	1	3	9	2	5	6
5	1	2	8	6	4	3	7	9
2	5	7	9	1	3	4	6	8
6	8	9	4	2	7	5	1	3
1	4	3	5	8	6	9	2	7
4	2	1	6	9	8	7	3	5
3	9	8	7	5	1	6	4	2
7	6	5	3	4	2	8	9	1

PAGE 49

2	6	5	1	4	7	8	3	9
8	3	1	9	2	5	4	7	6
7	4	9	3	8	6	1	5	2
4	5	6	7	3	8	2	9	1
9	1	2	5	6	4	7	8	3
3	8	7	2	9	1	6	4	5
6	7	3	8	1	9	5	2	4
5	2	4	6	7	3	9	1	8
1	9	8	4	5	2	3	6	7

PAGE 50

5	6	1	8	2	4	7	3	9
7	2	9	3	5	1	8	6	4
3	4	8	9	6	7	2	5	1
1	3	2	7	4	5	9	8	6
8	7	5	6	3	9	1	4	2
6	9	4	1	8	2	3	7	5
9	8	3	5	1	6	4	2	7
4	5	7	2	9	3	6	1	8
2	1	6	4	7	8	5	9	3

MIND-STRETCHERS

PAGE 51

3	4	1	6	8	7	9	5	2
7	5	9	4	1	2	3	8	6
6	2	8	9	3	5	7	1	4
4	6	3	2	9	1	8	7	5
2	8	7	3	5	4	1	6	9
1	9	5	8	7	6	4	2	3
9	7	4	5	2	8	6	3	1
8	3	2	1	6	9	5	4	7
5	1	6	7	4	3	2	9	8

PAGE 52

2	9	8	7	5	6	1	4	3
6	5	4	3	2	1	7	9	8
3	7	1	4	9	8	2	5	6
8	3	2	9	6	7	5	1	4
5	1	7	8	4	2	3	6	9
4	6	9	5	1	3	8	2	7
7	4	6	2	8	5	9	3	1
1	2	3	6	7	9	4	8	5
9	8	5	1	3	4	6	7	2

PAGE 53

9	3	1	6	8	7	4	5	2
2	8	7	9	5	4	1	6	3
6	4	5	2	3	1	9	8	7
4	7	6	5	2	8	3	1	9
8	1	3	7	9	6	2	4	5
5	9	2	1	4	3	8	7	6
3	6	8	4	7	9	5	2	1
1	2	9	8	6	5	7	3	4
7	5	4	3	1	2	6	9	8

PAGE 54

1	3	8	6	4	7	2	9	5
5	2	9	1	8	3	6	4	7
7	6	4	5	9	2	3	8	1
3	8	2	7	5	9	1	6	4
6	9	5	4	3	1	8	7	2
4	1	7	2	6	8	9	5	3
2	7	6	8	1	4	5	3	9
9	5	1	3	7	6	4	2	8
8	4	3	9	2	5	7	1	6

PAGE 55

8	5	6	7	4	1	9	2	3
1	9	3	6	5	2	4	7	8
2	7	4	3	9	8	5	6	1
3	2	8	9	1	6	7	4	5
5	4	1	2	8	7	3	9	6
9	6	7	4	3	5	8	1	2
7	8	2	5	6	4	1	3	9
6	1	9	8	7	3	2	5	4
4	3	5	1	2	9	6	8	7

PAGE 56

5	8	3	9	1	7	6	2	4
7	1	6	4	2	5	8	3	9
9	2	4	6	3	8	1	7	5
1	9	5	7	6	3	4	8	2
2	3	8	5	4	1	9	6	7
4	6	7	8	9	2	3	5	1
6	5	2	1	8	9	7	4	3
3	4	9	2	7	6	5	1	8
8	7	1	3	5	4	2	9	6

MIND-STRETCHERS

PAGE 57

8	4	6	2	9	7	5	1	3
5	1	7	3	6	4	9	2	8
3	2	9	8	1	5	7	4	6
2	6	1	9	5	8	3	7	4
4	7	5	6	2	3	8	9	1
9	8	3	4	7	1	6	5	2
1	3	8	5	4	9	2	6	7
6	5	4	7	3	2	1	8	9
7	9	2	1	8	6	4	3	5

PAGE 58

9	3	5	8	4	6	1	2	7
8	7	2	3	9	1	6	5	4
1	6	4	2	7	5	8	9	3
4	5	1	6	2	9	3	7	8
2	8	3	4	1	7	9	6	5
7	9	6	5	8	3	2	4	1
3	4	9	1	5	2	7	8	6
5	1	7	9	6	8	4	3	2
6	2	8	7	3	4	5	1	9

PAGE 59

3	6	7	9	5	1	8	4	2
2	8	9	6	4	7	1	5	3
4	1	5	8	2	3	9	6	7
8	2	6	5	9	4	7	3	1
7	4	1	3	6	2	5	9	8
5	9	3	1	7	8	4	2	6
1	5	8	4	3	6	2	7	9
6	7	4	2	8	9	3	1	5
9	3	2	7	1	5	6	8	4

PAGE 60

7	5	6	1	9	2	3	4	8
4	3	8	7	5	6	9	2	1
9	2	1	3	8	4	6	5	7
6	7	5	9	1	8	2	3	4
3	8	2	4	7	5	1	9	6
1	4	9	2	6	3	8	7	5
8	6	7	5	2	9	4	1	3
2	1	3	6	4	7	5	8	9
5	9	4	8	3	1	7	6	2

PAGE 61

9	6	1	4	7	5	2	3	8
2	3	4	1	6	8	5	9	7
5	8	7	9	2	3	6	1	4
6	4	3	2	5	7	9	8	1
1	5	9	3	8	4	7	2	6
7	2	8	6	1	9	4	5	3
3	7	5	8	9	6	1	4	2
8	1	6	5	4	2	3	7	9
4	9	2	7	3	1	8	6	5

PAGE 62

7	2	4	9	5	1	6	8	3
1	5	3	6	8	7	9	4	2
6	9	8	4	2	3	1	5	7
8	1	9	7	6	2	4	3	5
2	3	6	5	4	9	7	1	8
4	7	5	3	1	8	2	9	6
5	6	7	8	9	4	3	2	1
9	8	2	1	3	6	5	7	4
3	4	1	2	7	5	8	6	9

MIND-STRETCHERS

PAGE 63

4	3	5	2	1	7	6	8	9
6	8	1	9	4	3	7	5	2
2	7	9	6	5	8	1	4	3
3	2	6	4	7	1	5	9	8
9	5	7	8	2	6	3	1	4
1	4	8	3	9	5	2	6	7
8	9	3	5	6	2	4	7	1
7	6	4	1	3	9	8	2	5
5	1	2	7	8	4	9	3	6

PAGE 64

3	7	8	5	6	4	2	9	1
2	9	4	1	8	3	7	5	6
1	6	5	7	9	2	3	4	8
9	2	7	8	5	6	4	1	3
4	1	6	3	2	7	9	8	5
5	8	3	4	1	9	6	2	7
7	4	1	9	3	8	5	6	2
6	5	9	2	7	1	8	3	4
8	3	2	6	4	5	1	7	9

PAGE 65

4	5	2	7	1	6	9	3	8
1	3	8	2	5	9	7	6	4
6	7	9	8	3	4	2	1	5
8	1	4	3	6	7	5	9	2
9	6	5	4	8	2	1	7	3
3	2	7	5	9	1	4	8	6
2	4	3	9	7	8	6	5	1
5	9	6	1	4	3	8	2	7
7	8	1	6	2	5	3	4	9

PAGE 66

8	4	9	6	3	1	2	5	7
3	2	1	5	8	7	9	4	6
7	5	6	4	9	2	1	8	3
2	8	4	1	6	3	7	9	5
9	3	5	8	7	4	6	1	2
6	1	7	2	5	9	8	3	4
1	6	3	9	2	5	4	7	8
4	7	8	3	1	6	5	2	9
5	9	2	7	4	8	3	6	1

PAGE 67

6	9	8	7	5	3	4	1	2
2	1	5	6	8	4	3	7	9
3	4	7	1	2	9	8	5	6
5	3	2	9	1	6	7	8	4
7	8	9	2	4	5	6	3	1
1	6	4	3	7	8	2	9	5
4	5	6	8	3	1	9	2	7
9	2	3	5	6	7	1	4	8
8	7	1	4	9	2	5	6	3

PAGE 68

2	9	6	7	5	4	1	3	8
4	3	7	6	1	8	2	9	5
5	1	8	3	9	2	4	6	7
7	2	1	8	3	9	5	4	6
8	4	3	5	6	7	9	1	2
6	5	9	4	2	1	8	7	3
1	7	4	2	8	6	3	5	9
9	8	5	1	7	3	6	2	4
3	6	2	9	4	5	7	8	1

SERIOUS MIND-STRETCHERS

PAGE 70

9	2	8	5	3	7	6	4	1
6	7	4	8	1	9	5	2	3
3	5	1	2	4	6	9	7	8
2	1	7	9	6	3	4	8	5
8	3	5	7	2	4	1	9	6
4	6	9	1	5	8	7	3	2
1	4	3	6	7	2	8	5	9
5	8	2	4	9	1	3	6	7
7	9	6	3	8	5	2	1	4

PAGE 71

6	5	3	1	4	7	9	2	8
2	4	9	6	5	8	1	3	7
7	8	1	3	9	2	5	6	4
8	3	4	2	6	9	7	5	1
1	9	2	7	3	5	8	4	6
5	6	7	8	1	4	3	9	2
4	7	6	5	8	3	2	1	9
9	2	5	4	7	1	6	8	3
3	1	8	9	2	6	4	7	5

PAGE 72

7	4	9	5	1	3	6	2	8
3	2	6	4	7	8	5	9	1
1	8	5	6	2	9	7	3	4
6	3	4	7	9	2	1	8	5
5	9	8	1	3	4	2	7	6
2	7	1	8	5	6	9	4	3
9	1	7	3	4	5	8	6	2
4	6	2	9	8	1	3	5	7
8	5	3	2	6	7	4	1	9

PAGE 73

4	7	1	5	9	2	3	6	8
9	8	3	1	6	4	7	5	2
6	2	5	3	7	8	4	1	9
7	6	4	8	2	1	9	3	5
1	3	9	4	5	6	8	2	7
8	5	2	7	3	9	1	4	6
3	4	6	9	8	5	2	7	1
2	9	7	6	1	3	5	8	4
5	1	8	2	4	7	6	9	3

PAGE 74

5	3	4	7	1	6	8	9	2
2	7	9	3	5	8	4	6	1
1	6	8	4	2	9	5	7	3
8	1	5	2	6	3	7	4	9
9	4	7	5	8	1	2	3	6
3	2	6	9	4	7	1	8	5
4	9	1	6	7	2	3	5	8
7	8	3	1	9	5	6	2	4
6	5	2	8	3	4	9	1	7

PAGE 75

4	6	2	5	1	3	7	9	8
7	9	3	8	6	4	2	1	5
1	5	8	2	9	7	4	6	3
9	4	1	7	3	6	8	5	2
5	8	7	9	2	1	3	4	6
3	2	6	4	8	5	1	7	9
8	7	4	3	5	9	6	2	1
2	1	9	6	4	8	5	3	7
6	3	5	1	7	2	9	8	4

SERIOUS MIND-STRETCHERS

PAGE 76

4	7	5	6	8	9	2	1	3
1	3	6	7	2	5	4	9	8
8	2	9	4	1	3	5	7	6
3	5	1	9	7	2	6	8	4
6	4	7	8	5	1	3	2	9
9	8	2	3	4	6	1	5	7
2	9	4	1	6	7	8	3	5
7	1	8	5	3	4	9	6	2
5	6	3	2	9	8	7	4	1

PAGE 77

4	1	7	2	9	3	6	5	8
8	5	6	7	4	1	2	9	3
9	2	3	6	8	5	7	4	1
5	3	4	8	6	9	1	7	2
1	6	2	3	5	7	9	8	4
7	8	9	1	2	4	5	3	6
3	7	5	4	1	2	8	6	9
2	9	8	5	3	6	4	1	7
6	4	1	9	7	8	3	2	5

PAGE 78

2	6	8	3	5	7	4	1	9
9	7	1	2	8	4	6	3	5
4	3	5	1	9	6	7	2	8
5	8	9	6	3	2	1	7	4
7	2	4	8	1	9	5	6	3
6	1	3	4	7	5	8	9	2
1	5	6	9	4	3	2	8	7
8	9	7	5	2	1	3	4	6
3	4	2	7	6	8	9	5	1

PAGE 79

6	2	9	3	4	7	5	8	1
4	8	5	9	2	1	7	6	3
7	3	1	6	5	8	9	4	2
9	1	7	5	6	2	8	3	4
3	6	8	1	9	4	2	7	5
2	5	4	8	7	3	1	9	6
5	7	3	4	1	9	6	2	8
1	4	2	7	8	6	3	5	9
8	9	6	2	3	5	4	1	7

PAGE 80

3	6	7	8	1	5	9	2	4
1	9	4	2	3	6	5	7	8
5	8	2	9	7	4	1	3	6
4	7	3	1	8	9	2	6	5
2	1	6	4	5	7	8	9	3
8	5	9	6	2	3	4	1	7
6	2	8	7	4	1	3	5	9
7	3	1	5	9	8	6	4	2
9	4	5	3	6	2	7	8	1

PAGE 81

7	5	9	4	1	3	6	2	8
2	6	1	5	7	8	9	3	4
3	8	4	9	6	2	1	5	7
4	1	5	7	9	6	3	8	2
6	7	2	8	3	1	4	9	5
9	3	8	2	5	4	7	6	1
8	2	3	6	4	7	5	1	9
1	9	7	3	2	5	8	4	6
5	4	6	1	8	9	2	7	3

SERIOUS MIND-STRETCHERS

PAGE 82

4	2	5	7	9	8	3	6	1
6	7	9	1	5	3	4	2	8
8	1	3	4	6	2	7	9	5
1	4	2	6	3	7	8	5	9
3	5	7	8	2	9	1	4	6
9	8	6	5	4	1	2	7	3
5	3	8	9	7	4	6	1	2
2	6	4	3	1	5	9	8	7
7	9	1	2	8	6	5	3	4

PAGE 83

6	5	1	2	4	7	3	8	9
2	3	8	5	1	9	6	4	7
4	7	9	3	8	6	2	1	5
8	1	2	7	6	3	5	9	4
3	9	4	1	5	8	7	6	2
7	6	5	9	2	4	1	3	8
9	8	7	6	3	2	4	5	1
5	2	6	4	9	1	8	7	3
1	4	3	8	7	5	9	2	6

PAGE 84

7	9	1	3	2	6	4	8	5
4	6	8	9	5	1	2	3	7
5	3	2	7	8	4	6	9	1
6	4	3	2	1	7	9	5	8
1	5	9	6	3	8	7	4	2
8	2	7	4	9	5	1	6	3
3	8	6	1	7	9	5	2	4
9	1	5	8	4	2	3	7	6
2	7	4	5	6	3	8	1	9

PAGE 85

3	1	6	2	4	5	9	7	8
8	2	7	3	6	9	4	1	5
4	5	9	8	7	1	3	6	2
2	8	5	6	9	7	1	4	3
6	7	4	1	3	2	5	8	9
1	9	3	5	8	4	6	2	7
7	6	8	4	5	3	2	9	1
5	4	2	9	1	8	7	3	6
9	3	1	7	2	6	8	5	4

PAGE 86

1	9	4	3	5	8	6	2	7
6	3	2	7	4	9	1	5	8
7	8	5	2	6	1	3	9	4
2	4	1	9	7	5	8	6	3
5	7	9	8	3	6	4	1	2
8	6	3	1	2	4	5	7	9
4	2	7	5	1	3	9	8	6
9	1	6	4	8	7	2	3	5
3	5	8	6	9	2	7	4	1

PAGE 87

7	2	6	4	9	1	8	3	5
4	3	5	8	7	6	1	2	9
9	8	1	5	3	2	6	7	4
1	4	9	6	2	7	5	8	3
6	5	8	9	4	3	7	1	2
3	7	2	1	8	5	9	4	6
5	6	4	2	1	8	3	9	7
8	9	3	7	5	4	2	6	1
2	1	7	3	6	9	4	5	8

SERIOUS MIND-STRETCHERS

PAGE 88

6	7	5	8	2	3	9	4	1
3	4	9	6	1	7	8	5	2
1	8	2	9	5	4	6	3	7
8	2	6	5	4	1	7	9	3
9	3	7	2	6	8	5	1	4
5	1	4	7	3	9	2	6	8
4	5	8	3	7	6	1	2	9
2	9	1	4	8	5	3	7	6
7	6	3	1	9	2	4	8	5

PAGE 89

2	5	7	1	9	3	8	6	4
8	4	1	6	5	7	3	2	9
6	9	3	4	2	8	7	1	5
5	1	9	7	6	4	2	8	3
3	2	8	9	1	5	6	4	7
7	6	4	3	8	2	5	9	1
4	3	2	8	7	9	1	5	6
1	7	5	2	4	6	9	3	8
9	8	6	5	3	1	4	7	2

PAGE 90

7	4	3	2	6	1	9	8	5
5	9	8	4	7	3	2	6	1
1	2	6	5	8	9	4	7	3
8	6	5	9	2	4	1	3	7
4	3	2	1	5	7	8	9	6
9	1	7	8	3	6	5	2	4
2	7	1	6	4	8	3	5	9
6	5	9	3	1	2	7	4	8
3	8	4	7	9	5	6	1	2

PAGE 91

6	8	3	2	4	1	5	9	7
5	9	2	8	7	6	3	4	1
7	1	4	9	3	5	6	2	8
2	3	6	5	9	7	8	1	4
9	4	8	6	1	2	7	5	3
1	7	5	3	8	4	2	6	9
4	2	7	1	6	8	9	3	5
3	5	1	7	2	9	4	8	6
8	6	9	4	5	3	1	7	2

PAGE 92

9	6	2	5	8	4	1	7	3
3	7	1	2	6	9	8	4	5
4	5	8	1	3	7	9	6	2
5	3	7	4	2	8	6	1	9
6	1	9	7	5	3	4	2	8
8	2	4	9	1	6	5	3	7
1	8	3	6	7	5	2	9	4
2	9	5	3	4	1	7	8	6
7	4	6	8	9	2	3	5	1

PAGE 93

2	6	9	7	3	8	1	4	5
5	1	4	9	2	6	3	8	7
8	7	3	1	4	5	6	9	2
4	8	6	2	7	9	5	3	1
9	2	5	3	8	1	4	7	6
7	3	1	6	5	4	9	2	8
6	5	8	4	9	7	2	1	3
1	4	2	8	6	3	7	5	9
3	9	7	5	1	2	8	6	4

SERIOUS MIND-STRETCHERS

PAGE 94

3	4	2	6	9	7	8	1	5
5	1	9	3	8	4	7	2	6
8	6	7	5	1	2	3	4	9
2	7	8	4	5	3	6	9	1
9	5	1	2	6	8	4	7	3
4	3	6	9	7	1	2	5	8
1	2	5	7	3	6	9	8	4
7	9	3	8	4	5	1	6	2
6	8	4	1	2	9	5	3	7

PAGE 95

8	1	2	7	5	9	6	4	3
4	3	5	2	6	1	8	9	7
9	7	6	4	3	8	2	1	5
3	8	4	6	7	5	9	2	1
5	2	1	3	9	4	7	6	8
7	6	9	8	1	2	3	5	4
1	4	7	9	8	6	5	3	2
6	5	8	1	2	3	4	7	9
2	9	3	5	4	7	1	8	6

PAGE 96

1	3	2	8	9	6	4	7	5
7	4	8	3	1	5	6	2	9
5	9	6	4	2	7	1	8	3
9	6	7	5	8	4	3	1	2
2	1	5	6	3	9	8	4	7
3	8	4	1	7	2	9	5	6
4	5	3	2	6	1	7	9	8
6	7	1	9	5	8	2	3	4
8	2	9	7	4	3	5	6	1

PAGE 97

2	8	4	9	6	5	3	1	7
7	1	9	8	3	4	6	2	5
3	5	6	1	2	7	8	4	9
1	2	7	5	9	6	4	8	3
6	3	8	7	4	1	9	5	2
4	9	5	2	8	3	7	6	1
8	7	1	4	5	9	2	3	6
9	6	2	3	1	8	5	7	4
5	4	3	6	7	2	1	9	8

PAGE 98

6	7	4	3	1	8	2	9	5
9	1	5	2	6	4	8	3	7
3	2	8	7	9	5	6	1	4
7	6	9	8	3	2	5	4	1
4	5	1	9	7	6	3	8	2
8	3	2	5	4	1	7	6	9
1	8	7	4	2	3	9	5	6
5	9	6	1	8	7	4	2	3
2	4	3	6	5	9	1	7	8

PAGE 99

6	7	1	2	8	3	5	9	4
5	9	3	6	7	4	8	1	2
2	4	8	5	1	9	7	3	6
8	2	9	7	5	1	4	6	3
3	1	7	4	2	6	9	8	5
4	5	6	3	9	8	1	2	7
9	3	2	8	4	5	6	7	1
1	6	5	9	3	7	2	4	8
7	8	4	1	6	2	3	5	9

SERIOUS MIND-STRETCHERS

PAGE 100

3	2	7	8	5	1	9	6	4
8	6	5	4	3	9	7	1	2
4	1	9	2	6	7	8	3	5
1	5	6	7	2	4	3	9	8
9	3	2	6	1	8	5	4	7
7	8	4	3	9	5	1	2	6
2	7	8	9	4	3	6	5	1
6	9	1	5	8	2	4	7	3
5	4	3	1	7	6	2	8	9

PAGE 101

7	4	8	3	2	9	5	6	1
9	5	1	7	6	8	2	3	4
6	2	3	1	5	4	7	9	8
4	8	2	5	9	6	1	7	3
1	6	9	8	7	3	4	2	5
3	7	5	2	4	1	6	8	9
5	1	6	9	3	2	8	4	7
2	9	7	4	8	5	3	1	6
8	3	4	6	1	7	9	5	2

PAGE 102

3	7	6	2	8	9	1	5	4
9	5	1	3	6	4	8	2	7
2	4	8	5	7	1	9	6	3
7	8	9	4	5	2	6	3	1
4	2	3	6	1	8	7	9	5
1	6	5	9	3	7	2	4	8
6	1	2	7	4	5	3	8	9
8	3	4	1	9	6	5	7	2
5	9	7	8	2	3	4	1	6

PAGE 103

8	2	9	3	7	5	6	1	4
6	4	7	1	9	2	3	5	8
1	3	5	6	8	4	9	2	7
2	6	3	9	4	8	1	7	5
7	9	4	5	3	1	2	8	6
5	1	8	7	2	6	4	9	3
3	7	6	8	1	9	5	4	2
4	8	1	2	5	3	7	6	9
9	5	2	4	6	7	8	3	1

PAGE 104

5	3	2	9	4	6	7	8	1
9	7	8	1	3	5	6	2	4
1	4	6	2	7	8	5	9	3
8	5	4	3	1	7	9	6	2
7	9	3	6	8	2	1	4	5
2	6	1	5	9	4	3	7	8
4	2	5	7	6	1	8	3	9
3	8	7	4	5	9	2	1	6
6	1	9	8	2	3	4	5	7

PAGE 105

9	1	2	6	7	3	5	8	4
8	4	7	5	9	2	6	1	3
6	5	3	1	8	4	2	9	7
2	8	5	3	6	1	7	4	9
4	7	6	9	2	8	3	5	1
3	9	1	7	4	5	8	2	6
5	3	9	8	1	6	4	7	2
7	6	4	2	5	9	1	3	8
1	2	8	4	3	7	9	6	5

SERIOUS MIND-STRETCHERS

PAGE 106

1	8	9	7	4	3	6	2	5
5	7	6	1	2	8	4	9	3
3	4	2	6	9	5	8	1	7
2	3	4	9	6	7	1	5	8
8	6	5	3	1	4	9	7	2
9	1	7	5	8	2	3	6	4
6	2	8	4	7	1	5	3	9
4	9	3	2	5	6	7	8	1
7	5	1	8	3	9	2	4	6

PAGE 107

5	6	3	9	4	2	1	8	7
1	8	4	7	3	5	6	2	9
2	9	7	8	6	1	4	3	5
6	7	2	4	1	8	9	5	3
8	5	1	3	2	9	7	4	6
3	4	9	5	7	6	8	1	2
9	1	6	2	8	3	5	7	4
7	2	5	1	9	4	3	6	8
4	3	8	6	5	7	2	9	1

PAGE 108

8	2	1	4	3	7	9	6	5
6	7	9	1	5	2	3	4	8
5	3	4	8	6	9	2	1	7
7	5	3	6	9	4	8	2	1
4	1	2	5	8	3	7	9	6
9	6	8	2	7	1	4	5	3
1	9	7	3	2	5	6	8	4
3	8	5	9	4	6	1	7	2
2	4	6	7	1	8	5	3	9

PAGE 109

8	7	9	2	6	5	3	1	4
3	4	5	1	8	9	2	7	6
6	2	1	7	3	4	9	8	5
1	6	4	3	5	2	8	9	7
7	5	8	6	9	1	4	3	2
9	3	2	4	7	8	6	5	1
2	9	7	8	1	6	5	4	3
4	8	3	5	2	7	1	6	9
5	1	6	9	4	3	7	2	8

PAGE 110

6	8	5	1	9	7	2	3	4
7	2	3	6	8	4	5	9	1
9	1	4	5	2	3	8	7	6
3	4	7	2	6	1	9	8	5
2	9	6	8	7	5	1	4	3
8	5	1	3	4	9	6	2	7
5	7	8	9	3	6	4	1	2
4	6	9	7	1	2	3	5	8
1	3	2	4	5	8	7	6	9

PAGE 111

2	3	8	4	6	1	5	7	9
1	4	5	7	2	9	3	8	6
6	9	7	3	5	8	2	1	4
8	1	4	2	9	3	7	6	5
9	5	6	8	4	7	1	2	3
7	2	3	5	1	6	9	4	8
3	8	1	9	7	4	6	5	2
5	6	9	1	8	2	4	3	7
4	7	2	6	3	5	8	9	1

SERIOUS MIND-STRETCHERS

PAGE 112

9	1	3	5	7	2	4	6	8
2	7	4	3	6	8	9	5	1
6	8	5	4	9	1	7	3	2
4	5	8	1	3	7	2	9	6
3	6	1	2	5	9	8	7	4
7	9	2	8	4	6	5	1	3
5	3	7	6	2	4	1	8	9
8	2	6	9	1	5	3	4	7
1	4	9	7	8	3	6	2	5

PAGE 113

2	7	4	9	6	3	8	5	1
5	1	3	4	8	2	6	7	9
9	8	6	5	7	1	3	4	2
3	2	8	6	9	5	4	1	7
7	4	1	2	3	8	9	6	5
6	5	9	7	1	4	2	3	8
4	9	7	1	2	6	5	8	3
1	3	5	8	4	9	7	2	6
8	6	2	3	5	7	1	9	4

PAGE 114

5	4	3	6	8	1	7	2	9
8	7	2	5	9	4	6	1	3
6	1	9	3	2	7	8	4	5
9	6	1	2	5	3	4	8	7
7	8	5	4	1	6	9	3	2
3	2	4	9	7	8	1	5	6
2	9	8	1	6	5	3	7	4
4	5	7	8	3	9	2	6	1
1	3	6	7	4	2	5	9	8

PAGE 115

1	9	6	5	7	3	4	2	8
2	8	7	1	6	4	9	5	3
5	4	3	2	9	8	7	6	1
3	2	1	4	8	9	6	7	5
8	6	5	7	2	1	3	9	4
4	7	9	3	5	6	8	1	2
9	5	2	8	3	7	1	4	6
6	3	4	9	1	2	5	8	7
7	1	8	6	4	5	2	3	9

PAGE 116

7	2	8	5	4	1	9	6	3
1	6	3	7	9	2	5	4	8
4	5	9	6	3	8	7	2	1
5	1	7	9	2	4	8	3	6
9	8	6	1	7	3	2	5	4
3	4	2	8	5	6	1	7	9
6	9	4	2	8	5	3	1	7
8	3	5	4	1	7	6	9	2
2	7	1	3	6	9	4	8	5

PAGE 117

5	2	8	6	7	1	9	4	3
7	6	4	3	9	8	1	5	2
9	1	3	5	2	4	6	7	8
2	9	6	4	5	7	3	8	1
1	4	7	2	8	3	5	6	9
8	3	5	1	6	9	4	2	7
3	8	1	7	4	6	2	9	5
6	7	2	9	3	5	8	1	4
4	5	9	8	1	2	7	3	6

SERIOUS MIND-STRETCHERS

PAGE 118

8	6	7	4	3	9	5	2	1
5	1	9	6	8	2	3	4	7
4	3	2	7	1	5	9	6	8
7	9	1	3	2	6	4	8	5
2	4	3	5	9	8	1	7	6
6	8	5	1	7	4	2	9	3
3	5	4	9	6	7	8	1	2
1	7	8	2	4	3	6	5	9
9	2	6	8	5	1	7	3	4

PAGE 119

6	1	2	8	4	3	9	5	7
5	3	9	1	6	7	8	2	4
7	4	8	9	2	5	3	1	6
4	7	1	5	3	2	6	8	9
8	6	5	7	9	1	4	3	2
9	2	3	6	8	4	5	7	1
2	9	6	3	7	8	1	4	5
3	5	7	4	1	6	2	9	8
1	8	4	2	5	9	7	6	3

PAGE 120

8	6	7	4	5	9	1	3	2
4	2	5	3	6	1	7	8	9
1	3	9	8	2	7	5	6	4
5	9	2	1	8	6	3	4	7
7	4	3	2	9	5	8	1	6
6	1	8	7	3	4	2	9	5
3	7	1	6	4	2	9	5	8
2	5	6	9	1	8	4	7	3
9	8	4	5	7	3	6	2	1

PAGE 121

7	2	5	9	8	3	6	1	4
6	8	1	2	4	7	3	5	9
3	9	4	1	6	5	7	8	2
2	5	3	4	7	8	1	9	6
1	7	8	6	9	2	5	4	3
4	6	9	5	3	1	2	7	8
5	4	7	8	2	6	9	3	1
8	1	2	3	5	9	4	6	7
9	3	6	7	1	4	8	2	5

PAGE 122

1	9	5	6	7	2	8	3	4
8	6	4	1	3	5	7	9	2
3	2	7	9	8	4	1	5	6
4	8	9	5	1	7	2	6	3
6	7	2	8	4	3	9	1	5
5	3	1	2	6	9	4	8	7
7	5	6	4	9	8	3	2	1
2	4	8	3	5	1	6	7	9
9	1	3	7	2	6	5	4	8

PAGE 123

6	8	2	7	5	1	9	3	4
4	9	5	6	2	3	7	8	1
3	1	7	8	4	9	2	6	5
1	3	4	9	7	5	6	2	8
9	5	6	2	3	8	4	1	7
7	2	8	1	6	4	5	9	3
2	6	1	5	8	7	3	4	9
5	4	9	3	1	2	8	7	6
8	7	3	4	9	6	1	5	2

SERIOUS MIND-STRETCHERS

PAGE 124

3	8	6	5	2	7	1	9	4
9	7	4	3	6	1	8	2	5
5	1	2	9	8	4	6	3	7
6	5	1	8	4	9	2	7	3
4	3	7	2	1	6	9	5	8
8	2	9	7	3	5	4	6	1
1	6	5	4	9	3	7	8	2
7	9	8	1	5	2	3	4	6
2	4	3	6	7	8	5	1	9

PAGE 125

7	3	8	6	5	1	4	9	2
5	2	6	4	8	9	3	7	1
1	4	9	3	2	7	5	8	6
3	6	7	1	9	4	8	2	5
8	5	4	7	3	2	6	1	9
9	1	2	8	6	5	7	3	4
2	7	3	9	4	6	1	5	8
4	9	1	5	7	8	2	6	3
6	8	5	2	1	3	9	4	7

PAGE 126

1	8	5	7	6	9	3	2	4
6	2	3	4	1	8	5	7	9
4	9	7	5	2	3	1	8	6
3	7	8	2	5	6	4	9	1
9	5	4	1	3	7	8	6	2
2	1	6	8	9	4	7	5	3
7	3	9	6	4	5	2	1	8
8	4	1	9	7	2	6	3	5
5	6	2	3	8	1	9	4	7

PAGE 127

4	6	1	2	8	7	5	9	3
9	5	8	4	6	3	2	7	1
3	7	2	5	1	9	4	8	6
6	3	9	7	5	2	1	4	8
1	4	7	6	3	8	9	5	2
8	2	5	1	9	4	3	6	7
2	1	6	9	7	5	8	3	4
5	8	4	3	2	6	7	1	9
7	9	3	8	4	1	6	2	5

SUPER WORKOUT
MIND-STRETCHERS

PAGE 129

6	9	8	1	4	3	5	7	2
7	5	4	2	9	6	3	8	1
3	1	2	5	8	7	9	6	4
2	7	5	8	3	9	4	1	6
9	6	3	4	1	2	7	5	8
4	8	1	7	6	5	2	3	9
1	3	6	9	7	4	8	2	5
5	4	7	6	2	8	1	9	3
8	2	9	3	5	1	6	4	7

PAGE 130

9	5	1	8	3	6	7	4	2
4	3	2	1	7	5	8	6	9
6	8	7	9	4	2	5	1	3
1	2	9	3	6	8	4	7	5
7	4	3	5	9	1	2	8	6
5	6	8	4	2	7	3	9	1
2	9	6	7	8	3	1	5	4
8	1	4	2	5	9	6	3	7
3	7	5	6	1	4	9	2	8

PAGE 131

7	2	8	6	4	3	5	1	9
9	5	6	2	8	1	7	4	3
1	4	3	7	9	5	6	8	2
5	8	4	9	3	6	2	7	1
2	6	7	1	5	8	3	9	4
3	9	1	4	2	7	8	6	5
8	1	9	5	7	2	4	3	6
6	3	5	8	1	4	9	2	7
4	7	2	3	6	9	1	5	8

PAGE 132

9	1	6	4	2	8	3	5	7
7	2	3	9	6	5	1	8	4
5	4	8	3	1	7	2	9	6
6	8	9	5	3	4	7	1	2
4	7	1	6	9	2	5	3	8
2	3	5	8	7	1	4	6	9
3	9	4	2	5	6	8	7	1
1	5	2	7	8	9	6	4	3
8	6	7	1	4	3	9	2	5

PAGE 133

5	2	1	9	8	4	6	7	3
9	8	6	3	1	7	4	2	5
7	4	3	2	5	6	1	8	9
8	1	2	5	4	9	7	3	6
6	3	5	7	2	8	9	4	1
4	9	7	6	3	1	8	5	2
1	5	9	4	7	2	3	6	8
3	6	4	8	9	5	2	1	7
2	7	8	1	6	3	5	9	4

PAGE 134

8	3	2	5	6	1	4	9	7
5	7	9	8	2	4	1	3	6
1	4	6	7	3	9	2	5	8
3	1	8	2	7	5	9	6	4
6	9	5	3	4	8	7	2	1
4	2	7	1	9	6	5	8	3
9	5	1	6	8	7	3	4	2
7	8	3	4	5	2	6	1	9
2	6	4	9	1	3	8	7	5

SUPER WORKOUT MIND-STRETCHERS

PAGE 135

1	7	2	3	4	8	9	5	6
5	6	3	2	7	9	1	4	8
9	4	8	5	6	1	2	7	3
3	5	6	9	1	2	4	8	7
7	8	9	4	5	3	6	1	2
4	2	1	6	8	7	3	9	5
6	1	5	8	2	4	7	3	9
8	3	4	7	9	6	5	2	1
2	9	7	1	3	5	8	6	4

PAGE 136

4	6	9	3	7	2	1	8	5
7	8	1	5	4	9	3	6	2
5	2	3	6	8	1	9	7	4
8	3	7	2	6	5	4	9	1
9	1	5	7	3	4	6	2	8
2	4	6	9	1	8	5	3	7
3	9	2	4	5	7	8	1	6
6	5	8	1	2	3	7	4	9
1	7	4	8	9	6	2	5	3

PAGE 137

9	5	2	7	8	3	4	6	1
6	8	4	2	1	5	3	7	9
3	1	7	9	6	4	2	8	5
2	7	9	6	5	1	8	3	4
4	6	8	3	9	7	1	5	2
5	3	1	4	2	8	7	9	6
7	2	3	5	4	6	9	1	8
8	9	5	1	7	2	6	4	3
1	4	6	8	3	9	5	2	7

PAGE 138

5	8	3	7	4	9	1	2	6
4	2	7	5	6	1	3	8	9
6	9	1	2	8	3	7	5	4
7	4	9	8	3	5	6	1	2
1	6	5	4	7	2	9	3	8
2	3	8	1	9	6	5	4	7
9	5	4	3	2	7	8	6	1
8	1	6	9	5	4	2	7	3
3	7	2	6	1	8	4	9	5

PAGE 139

4	1	2	9	6	8	7	3	5
9	7	3	4	2	5	6	1	8
8	6	5	7	1	3	4	2	9
2	3	4	5	9	6	8	7	1
5	8	1	2	7	4	9	6	3
6	9	7	3	8	1	5	4	2
3	2	9	8	4	7	1	5	6
1	4	8	6	5	2	3	9	7
7	5	6	1	3	9	2	8	4

PAGE 140

3	5	6	7	9	1	8	4	2
2	9	7	8	4	6	5	3	1
1	8	4	3	5	2	9	7	6
6	3	1	4	7	8	2	9	5
7	2	9	1	3	5	4	6	8
8	4	5	2	6	9	7	1	3
4	1	8	9	2	3	6	5	7
9	6	2	5	1	7	3	8	4
5	7	3	6	8	4	1	2	9

SUPER WORKOUT MIND-STRETCHERS

6	1	4	5	3	7	8	9	2
8	2	7	6	1	9	4	3	5
3	5	9	4	2	8	7	1	6
1	9	2	7	8	4	6	5	3
7	6	3	1	5	2	9	4	8
4	8	5	9	6	3	2	7	1
9	3	6	2	4	1	5	8	7
5	4	8	3	7	6	1	2	9
2	7	1	8	9	5	3	6	4

3	4	9	8	7	1	5	6	2
8	1	6	5	4	2	7	3	9
7	5	2	9	6	3	4	8	1
6	8	1	4	5	9	3	2	7
9	2	7	1	3	6	8	4	5
5	3	4	2	8	7	9	1	6
4	6	5	7	1	8	2	9	3
1	9	8	3	2	5	6	7	4
2	7	3	6	9	4	1	5	8

4	1	3	7	6	2	9	8	5
5	6	8	1	9	4	3	2	7
7	9	2	5	3	8	1	6	4
8	5	9	4	7	1	6	3	2
2	7	6	8	5	3	4	9	1
3	4	1	9	2	6	5	7	8
9	8	7	3	4	5	2	1	6
6	3	4	2	1	7	8	5	9
1	2	5	6	8	9	7	4	3

1	2	4	3	8	5	7	6	9
7	6	5	2	9	4	8	3	1
3	9	8	1	7	6	5	4	2
5	1	2	4	3	8	9	7	6
6	8	9	5	2	7	3	1	4
4	7	3	6	1	9	2	8	5
2	3	7	9	6	1	4	5	8
9	5	6	8	4	3	1	2	7
8	4	1	7	5	2	6	9	3

7	4	3	2	1	8	6	5	9
9	2	5	6	4	3	1	7	8
8	1	6	5	9	7	3	4	2
4	8	1	9	6	5	2	3	7
2	3	7	4	8	1	9	6	5
5	6	9	7	3	2	8	1	4
3	9	2	1	5	4	7	8	6
6	5	8	3	7	9	4	2	1
1	7	4	8	2	6	5	9	3

2	7	3	6	9	4	1	5	8
1	5	4	3	2	8	9	6	7
6	8	9	5	7	1	4	2	3
4	2	7	8	5	3	6	1	9
5	9	1	2	6	7	8	3	4
3	6	8	4	1	9	2	7	5
9	1	5	7	4	6	3	8	2
8	4	2	1	3	5	7	9	6
7	3	6	9	8	2	5	4	1

SUPER WORKOUT
MIND-STRETCHERS

PAGE 147

9	5	4	1	7	3	2	6	8
8	2	1	4	6	9	3	7	5
7	6	3	2	8	5	1	4	9
4	7	9	6	1	2	5	8	3
5	3	6	8	9	7	4	1	2
1	8	2	3	5	4	7	9	6
2	9	5	7	4	8	6	3	1
3	1	7	9	2	6	8	5	4
6	4	8	5	3	1	9	2	7

PAGE 148

2	3	4	9	8	7	1	6	5
6	9	5	1	4	3	2	7	8
7	8	1	6	5	2	4	3	9
9	4	7	2	1	6	5	8	3
3	1	6	8	9	5	7	2	4
8	5	2	7	3	4	6	9	1
5	2	8	3	7	1	9	4	6
1	6	9	4	2	8	3	5	7
4	7	3	5	6	9	8	1	2

PAGE 149

2	5	8	6	3	1	9	4	7
4	7	9	5	8	2	1	6	3
1	3	6	7	4	9	8	5	2
6	9	2	3	7	8	4	1	5
5	4	1	9	2	6	7	3	8
3	8	7	4	1	5	2	9	6
9	1	3	2	6	7	5	8	4
8	2	4	1	5	3	6	7	9
7	6	5	8	9	4	3	2	1

PAGE 150

4	1	5	8	9	6	2	7	3
3	2	7	5	1	4	6	8	9
6	9	8	7	2	3	5	4	1
7	8	3	9	4	2	1	5	6
2	4	1	6	5	8	9	3	7
5	6	9	1	3	7	8	2	4
9	7	2	4	8	1	3	6	5
1	3	6	2	7	5	4	9	8
8	5	4	3	6	9	7	1	2

PAGE 151

8	4	9	1	5	3	6	2	7
6	7	2	9	4	8	3	1	5
3	1	5	2	7	6	4	9	8
5	2	3	7	6	4	1	8	9
1	6	4	5	8	9	7	3	2
7	9	8	3	2	1	5	6	4
2	8	6	4	1	5	9	7	3
4	3	7	6	9	2	8	5	1
9	5	1	8	3	7	2	4	6